阿 琼 诗 集

# 万物生

长江出版传媒 长江文艺出版社

# 以诗眼窥探生命的奥妙与玄机
## ——阿琼诗集《万物生》序

**曾纪鑫**

也许是受"公安三袁"的影响，自二十世纪改革开放以来，公安县涌现出了不少作家、诗人，有的甚至在全国产生了广泛的影响。这些脱颖而出的作家、诗人背后，实则有着一个人数众多的文学爱好者群体。在公安县两千两百多平方千米的土地上，无论城镇，还是乡村，有着许许多多默默笔耕的文学青年。当然，三十多年过去，他们的容颜刻上了岁月的烙印，已不再年轻，而是"文学中年"或"文学老年"了，可热爱文学的志向与情怀从未改变。

犹记得1983年，公安县举办了一个文学培训班，从省城武汉请来几位作家、诗人、编剧讲座，结束后自然要合影，那时还是黑白照，大几十人挤在一起，几乎全是男性，只有两位女青年。文学爱好者众，可女作者却少之又少，文学青年的性别比例严重失调。

那时，我在公安县教育系统工作，县城许多文学青年，免不了"同声相应，同气相求"，用今天的话说，有点"抱团取暖"的味道。而我们聚会的圈子，清一色的男子汉，偶有女性面孔闪现，便是谢玲——那张合影照里两名女青年中的一位。她是县卫校老师，诗歌写得相当不错。我离开故乡后与她完全失去联系，后来听说她成了家，也不写诗了。

如今想来，免不了一番唏嘘感叹。

令我感到欣慰的是，昔日男女比例失调的公安县文学格局，如今大有改观。2017年10月，县文联举办了一场讲座，由我主讲《多维视野下的地方文艺创作》，前来的听众，就有一二十位女性；每次回老家，也会认识不少女作者；我主编的《厦门文艺》杂志，近些年的来稿中，就有好几位故乡的女作者……

开头写了这么多，下面该说说阿琼了。

阿琼是我回公安讲座那年认识的，文友介绍她叫伍业琼，县城一所中学的老师。后来，《厦门文艺》编发了她的一组诗歌，方知她游走文学"江湖"时不用本名，而是用笔名"阿琼"。我老家所在的郑公渡（现章庄铺镇）涌现出了一批作家、诗人、评论家，形成了一个颇具规模的作家群体，于是建了一个郑公作家微信群，没想到阿琼也是章庄人，自然成了群中的一员。一群以郑公为原点走出的作家聚在一起，虽是虚拟的空间，但大家亲热无比，群内一天到晚十分热闹。阿琼也表现得相当活跃，常常亮出自己的新作，方知她多才多艺，不仅写诗，散文也写得好，能歌善舞，还是公安县朗诵协会会长。在群里，她不仅诵读自己的作品，还朗读群里其他老师、老乡的新作，字正腔圆，声音悦耳，声情并茂，引得众人纷纷点赞。再后来，为了回馈故乡振兴乡村文化，在各方协助、支持下，决定以郑公中学为依托，筹建"郑公作家书屋"，阿琼捐献书籍，参加各种活动，尽心尽力，受到大家一致好评……

如此这般，当阿琼请我为她即将出版的诗集写序时，觉得这是我义不容辞的责任，便一口应承下来。

《万物生》，当我第一眼看到这个诗集名时，立时想到了萨顶顶十多年前红极一时的同名歌曲。"从前冬天冷呀夏天雨呀水呀，秋天远处传来你声音暖呀暖呀，你说那时屋后面有白茫茫茫雪呀，山谷里有金黄旗子在大风里飘扬……"那种空灵的天籁如磁铁般一下子就吸引了我，既单纯又繁复，我听了一遍又一遍，大自然的律动在音乐的渲染下产生了一股神奇的力量，万事万物于一瞬间仿佛充满了神秘的灵性、魔性与魅力。我听着，全身心地听着，感受着大地的静谧、生命的呼吸与万物的生长……

那么，阿琼的《万物生》会是怎样的呢？

我的心中有了一种期待。

当我读完全部诗稿，第一感觉是阿琼没让我失望。

诗集所收一百七十多首诗歌，题材多为爱情。看得出，她对爱情有过刻骨铭心的梦想与憧憬、守望与历练，经过一番岁月的积淀，终于将其提纯为艺术品。

爱情是文学的永恒主题之一，但要写好，写得独特而丰富、感人而深刻，殊为不易，弄不好就流于轻浮浅薄，或落入窠臼人云亦云。而阿琼的爱情诗，不仅没有重复他人，而且也没有重复自己，且写出了爱情背后蕴藏的丰富内涵。

"因为你/我的心出现一道伤口/缝缝补补千百遍/每一次都牵扯出新的疼痛/来不及停留/三月的雨水太多/桃花在枝头才刚刚露出笑容//不敢回头/只愿这一去，从此山高水长/与君不再相逢"。这首《因为你》，作者的心被爱情所伤，一片荒芜，但诗行中透出的情感是那么复杂，千回百转，柔肠寸断。爱情是两颗心灵的碰撞，只是这碰出的火星一闪而过，并未燃成漫天云霞。一段爱情结束了，阿琼留下的诗句，没有读者熟悉的海誓山盟，而是分手与告别。"与君不再相逢"，看似决绝，实则心有依依，毕竟，双方走过了一段人生的旅程，爱过的男女双方，犹如两条不同的射线，相汇于某一点，虽然短暂，也是难得缘分啊！然后各自继续向前，再无交集。一段爱情落下了帷幕，人生还在继续，爱过就不后悔。一扇窗户关上了，也许，会有一扇新的大门为你豁然打开！

再看一首《惜流年》："把相思挂在窗棂上/任风拂过/留遍地破碎的情殇//你是我心头的一抹月光/在满池碧波摇曳下相聚/笑容曾经那样明亮/悄然隐入水纹/等世事都变得沧桑//将尘缘铸成一段梵唱/在空谷中轮回播放/待烟花都冷却/再绽放出一曲绝响//春意盎然的往昔/那欲语还休的模样/坐看云卷云舒之后/我在远方/千万次的眺望/你轻甩云袖的去向//在宋词里浅吟低唱/是稍纵即逝的流光/忍看春去冬来/又是一年/无法言说的惆怅。"

阿琼的爱情诗，不是那种爱情陶醉之时的痴迷，不是一味的激情与讴歌，而是失望、失意之后的徘徊与惆怅，是分手之后的打量与回味，是继续生活、达到生存层面的清醒与反思。

是的，我总觉得，她就在期待与梦想、守望与受伤、挥手与启程的不断轮回中，进入对生活的清醒认识，对人生的深刻思考。爱情，既打开了她的"诗眼"，也开启了她的"天眼"，使她透过事物的表象，不断向内里探究——她想了解爱情的奥妙，想破解命运的密码，想探知生命的玄机，想透视事物的真相与本质。

于是，阿琼以一颗充满温柔、温暖、温馨与温情的爱心面对世界，由狭义的爱情拓展开来，大爱无疆！心灵得以升华，境界更加开阔，内涵更加丰富。

在《你好，五月》中，阿琼写道："我的身体里住着两个灵魂/一个幼稚/一个苍老/如纯善懵懂的孩童/踟蹰于无边的黑暗中"。正是这"两个灵魂"的不断矛盾与冲突、缠绕与转换，单纯中透着繁复与深沉，犹如纸张、硬币的两面，电流的正负两极，世界的白昼与黑夜，使得阿琼的人生与诗歌显得如此丰赡。笑颜背后，是掩饰与苦涩，是对往昔生活的和解与告别，是对生命历经沧桑的诠释，更是积蓄力量之后的新的启航。

诗集名为"万物生"，或许是因为开篇的一首同名诗歌吧：

突然想为你写首诗
屋外斜探出来的枝条遮住一线阳光
草木枯黄
冬天，总是这样一派萧瑟的模样

想为你把春天写进来
那么多的温暖都藏在你的眼睛
暗夜中有玫瑰在开放
带着馥郁的低语
"你是我珍爱的宝贝"

我的密码在你手心

能开启我血液里属于夏天的热情

寒鸦在料峭的风中歌唱

你指尖牵引过的小径

万物萌生

　　这首诗歌《万物生》，是不是有点萨顶顶演唱的歌曲《万物生》的味道？哪怕节奏，似乎也有某种对应。在阿琼眼里，世间万物，仿佛也为爱情而生。爱情，既是生活对她的赐予，也是她追求真善美的源泉，更是她窥探生命内核的"诗眼"与"天眼"。

　　（作者曾纪鑫，系国家一级作家，《厦门文艺》主编，中国作家协会会员，福建省传记文学学会副会长，厦门市作家协会副主席，中国文化散文代表性作家之一。）

# 目 录
contents

# 万物生

突然想为你写首诗
屋外斜探出来的枝条遮住一线阳光

草木枯黄
冬天，总是这样一派萧瑟的模样

想为你把春天写进来
那么多的温暖都藏在你的眼睛里
暗夜中有玫瑰在开放
带着馥郁的低语
"你是我珍爱的宝贝"

我的密码在你手心
能开启我血液里属于夏天的热情
寒鸦在料峭的风中歌唱
你指尖牵引过的小径
万物萌生

# 守候谁

阳光一寸寸抚摸着脸颊
秋风卷着黄叶迟迟不肯落下
我在十月涉水而过
去探索曾经的戏言
各有几分的真假

天高云淡，望断大雁南飞的路径
玫瑰花瓣正一片片凋零
思念开始慢慢枯竭
冰雪苏醒，在还未来之际
已化成一点一滴的泪水

有一种感觉在心里快速发酵
膨胀成手心握不住的幻影
在你离去的路口徘徊
不敢轻易尝试落笔
谁都知道
这一步，即是天涯

# 北冥有鱼

山是水的寂寞
再宽广的翅膀也遮不住你的轮廓
海天一色
曾经相遇的地方已被漫过

心在地下
笑容在人间
空荡的，没有温度的灵魂
无法点亮通往天堂的阶梯

看似最坚强的人
恰好有着最脆弱的孤寂
越是紧握
越是流沙一样的逝去

与前世的自己相约
再看一场人生的风月
待曲终人散后
又回到曾经的圆缺

# 归

这不过是一个
从无到有，又从有到无的不断循环
睡不着的夜和走不出的梦永远相依
熬到凌晨
神经被窗台上的铃兰敲醒

月色微凉
一场雨从前世下到今生
湮灭不掉的，是非黑即白的过去
也许某年某月的某一天
你会从路的尽头走来
带着云淡风轻

静止的时光太久
分不清是谁在守候在停留
我执拗地在轮回中独行
村落里的炊烟一直未断
我知道，因为你在那里停留

# 但愿沉睡

在两株睡莲的罅隙间醒来
天空那么近，又那么远
没有一线流云可以握在指尖

我无意去窥探命运给我的空间
一滴坠落的露珠
不只是带起沿途的风尘
扩散的所有涟漪
都是你留下的印记

有一种执念
在若干年前深埋
期待若干年后再忆起
聚沙成塔
不过是一厢情愿的希冀

逝去的岁月有多少遗憾我并不在意
我只在意
经过一个个转角之后
仍然遇不到你

# 距离·美

我们之间的距离
是湖中那一抹即将没顶的桃红
飞鸟最后一次凝望
嘶哑的歌喉掀起细微的音浪
一尾鱼儿游向水深处
不曾回头

不曾回头的
还有夕阳下的榆荫
满湖浮萍
载不动莲叶的一缕哀愁
苇丛有风掠过
搅乱碧波里的光影

我们之间的距离
只隔了一重山水
天地再遥远
挨不过落霞孤鹜共舞的沉醉
静默的伫立
是这个季节最荒芜的心绪

# 一树繁华

你知道
每一片树叶凋零之前
都是骄傲地
在漫天阳光织成的细网里翻飞
我总是忘记屏住呼吸
吹乱了清风的羽翼

在第一片雪花落下来之前
她轻轻地旋转
我依稀看见
一抹柔软的灵魂碰开另外一朵
于是心口的朱砂开得更艳

空气慢慢凉下来了
一缕水色弥漫过期盼良久的年轮
和已然湮灭的往事
似乎有一粒尘埃粘在眉睫
你看　一树繁华都落尽
谁在随夕阳远去

# 一寸相思

五月的清风
有晾晒过的味道
手心微凉
触摸不到昔日的温暖
芦笛声从夜幕深处飘来
飘过被撕裂的
星光的碎片

山脚的墓穴见不到阳光
你轻轻回头
说会将身旁的位置留给我
来不及等笑容消瘦
悲伤隐藏在看不见的角落

生命中太多无可奈何
只微微一笑
装作还不够疼痛
就像川剧里的变脸
用手一抹
再刻骨的伤心
都会化作一弯浅笑

# 花不过是有花的名字

花不过是有花的名字
就像草也有被养在深闺的寂寞
从不曾向往过还有另一个世界
可以任由自己长成肆无忌惮的样子

花不过是有花的名字
就像破茧的不一定全都是蝴蝶
有些努力即使残酷百倍
能到达的也不可能是想要的目的地

花不想要花的名字
孔雀的羽翼再美
又怎敌得过睥睨天下的气势
在凤目中轻轻流转的瞬息

花只愿没有过花的名字
在叹息都顺水飘零的时候
有一场为爱痴狂的雨水
足足推迟了一个冬季

# 又一天

我知道，风的指尖是有温度的
触摸到昔日的容颜
从冰凉变得柔软

总有一些离别让人猝不及防
炽热的唇印还留在耳畔
心中的爱恋已愈行愈远
笑纹凝固成画面里最寂寥的一笔
你站在岁月的尽头
看我把青春都挥霍成执念

不知何处来的柳哨
轻捻起心头的琴弦
我的清澈在眼神里
任多少风霜都不会掩盖

悄无声息的雪夜
你的影子
存在，就好像不存在一般
在你之后
所有的风景都与我无关

## 爱走薄刃

荒原上的风都是孤独的
从南到北
沿途的笑靥一朵朵枯萎

雨从屋檐落到心间
翻开层层的浪
芭蕉叶上有寂寞在浅吟低唱

过去抑或未来我都不再关心
万重山水
抵不过晨露滚下花瓣的声音

天堂其实就在地狱隔壁
爱走薄刃
剖开一半暗夜，一半黎明

# 夏末至初秋

阳光抚摸过爬山虎的背影
半晌月明，半晌灿星
一场燎原的梦
冰封过后，在昨夜初次解冻

我在黎明前的深海中沉浮
潮起和潮落的声音
在我看来，并没有什么不同
只是一个想掩藏曾经的伤痛
一个在前行中犹疑着退缩

谁把冰霜都锁在了眼底
任纷至而来的孤独
变成画中的一抹剪影
秋天，从一个人眉间
落到另一个人心间

远山模糊了又清晰
这恍惚了的心境
看谁，都似你

从夏末至初秋，无数种风景
都沉溺在逝去的漩涡里

# 最后一站

我知道，下一站就是终点
不要犹疑不定
每个人都会迈向永恒的孤寂

那些途经的风景
都逐渐模糊在天际
有些温暖，已定格在心底

再多的爱恨情仇
在这一刻都变得云淡风轻
你出现后，我将过往浓缩成一帧剪影

最后一站，无论结局是悲是喜
我将行囊藏起
结束这半生的天涯浪迹

# 来时路

风在苇丛中穿梭，逐渐肆无忌惮
发丝凌乱，以最原始的姿态
迎接遗失在归来路上的挚爱
飞翔和坠落
原本也只在一线之间
在你转身之后，云层骤断
欲上九天的箫音
已浸透了人世间的冷暖

枕上袖边，拭不尽余生情缘
看琉璃瓦下珠帘半卷
画不完几世的离合悲欢
雨打芭蕉，留一阕残音滴就的清词
每一片飞雪都忘了归途
在回忆的长廊里凋零，独自幽暗
我是虔诚的信徒，时光逆转
照亮遥不可及的彼岸

# 一朵花的湮灭

昨夜未能入眠
有细微的呜咽在凌晨敲打窗棂
一株野蔷薇在月影下数着伤悲

浮光三千
我只借走其中一片
等这个季节的玫瑰
就着我的轮廓再开一遍

世事皆为虚幻
站在高山之巅
看起落的沧海桑田
也不过如烟花般短暂

你听不到每一条经络的啜泣
她的疼痛很快就湮灭
如一尾入网的锦鲤
注定只有七秒的记忆

# 随想

我以为最多不过是场偶遇

当你转身

一切都会消弭

就像飞鸟掠过湖面

涟漪来不及荡开就已合拢

在你离开之后

光影在你背后浓缩

我开始重新思索

是不是有生之年

终将等到开至荼蘼的因果


其实一切不过是自己假想出来的图画

在某个柠檬花开的午后

我的心已经尘封

无论被谁拾起

都无法再开启新的诗篇

当你徜徉在这烂漫春光

你永远不会知道

这个世界上

还有谁在下雪，谁在结冰

# 五月笔记

它们在堂下的暖风中喁喁低语
夏日的蔷薇开得正浓
记忆里的朱砂
并不在想象的人胸口

每一寸时光里都有你留的褶皱
我所专注的是在其中行走
并不在乎会虚度多少青春
以及会错过多少情由

梵音都在这雷声中湮灭
待雨收云断之后
一朵开在逐渐削薄的岁月
一朵开在微凉初透的心头

# 何处心安

苍白的墙壁
围起来的只是寂寞的心房
灰尘在斜射进的阳光下蹁跹
鸽子在窗外安详地踱步
一切都很近，又很遥远

繁华落尽
所有通向彼岸的路都荒芜
我的世界就是退潮后的沙滩
海浪连热情一并带走
满地凌乱，是曾经的爱和承诺

如果你觉得疲倦
请在天黑之后闭上双眼
即使解不开的困惑还在脑中回旋
今夕何夕，不用去管
安睡吧，就当仍然泊在他的港湾

# 另寻沧海

风从檐下一层层穿过
山雨欲来
将心中奔腾的波浪全部掏空
再将点点滴滴洒在过去的山峦

都说曾经沧海
蝴蝶永远飞不过的心田
可是风起于青蘋之末
总有一扇窗在等待你的到来

回忆在胸口翻涌
抽出千丝万缕
折叠成烛台上的一蓬青烟
待风平浪静后
眼中开出明日的白莲

# 在路上

寻遍整片森林
没有一株大树能为我撑开光阴
厌倦了风吹过时响起的竹笛
厌倦了飞鸟惊起时带过的涟漪

我以为你只是这一季芦苇
开败后就不会再有痕迹
可你蓬勃地在心间生长
直到占据我整个春天的色系

踏过被年华掩藏的石巷
一轮寂寞在背影中点亮
我以为前面仍然会有一束光
指引我到达彼岸的方向

走在大片浓密的阴影中
落日下的灌木都在窃窃私语
他们将不欲人知的心思藏在枝丫
然后悄悄地告诉我
有些幸福永远只是假象

# 只是故事

昨夜梦见你了
在一群人中间
似乎触手可及
却又遥不可及
我始终没有抬眼看你
用面上的云淡风轻
来掩饰心里的波涛万顷

我曾将你的名字写进我的明天
设计的最后一章
是人世间最完美的结局
恨不能就此白头
去看看现在还看不到的风景

但时光还未老去
故事已出现分歧
就像透过窗棂
认识的第一声春雷
在宣告春天来临的同时

已预示着它将要离去

舍不得从此没有关系
收拾好所有心情
装作对一切都漠不关心
在下次遇见你的时候
能挥一挥手
微笑着说
嗨，原来你也在这里

# 告别太阳

只是留恋那一抹温暖
就如同孩童留恋慈爱的目光
我希望将远方拉长
走不到尽头的
是自己微薄的念想

窗外嘈杂的声音忽远忽近
想要的永远遥不可及
不停追逐
不停放弃
有一种感觉
早就随时光的消逝而遗忘

阳台上的花都开得意兴阑珊
终究还是心灰意冷
我的阳光躲在那儿冷冷地看我
看我在自以为是的温暖中
将怎样收场

# 一个人的灯火

一个人的房间
灯光永远是不会熄灭的
虽然明知道
这样的黑暗吞噬不掉星空
就像浴室喷头的激流
不可能让灵魂窒息

一个人喝酒
其实是不大会醉的
总有一丝清明
想留给可能会来安慰你的人
尽管时光溜走
今天又成为过去

一个人从白天到黑夜
从过往到明天
也许旅途不免寂寞
只要心上有阳光
任时光飞逝
脚步从容

# 因为你

因为你
我的心已经荒芜

在很久以前的某个黄昏
我爱上一个人
只因为他在夕阳下的影子
刚好投射到我心里
那时拂过的风太温柔
有一枚花瓣只悠悠地飘到湖心
就落下了这一生的帷幕

因为你
我的心出现一道伤口
缝缝补补千百遍
每一次都牵扯出新的疼痛
来不及停留
三月的雨水太多
桃花在枝头才刚刚露出笑容

不敢回头

只愿这一去，从此山高水长

与君不再相逢

# 杯中菊

原本她是不肯绽放的
每一缕花瓣都紧紧地环抱自己
就像初来人间的婴儿
并不打算睁开她纯净的眼睛

你的指尖带着秋天的风
带着南方温润的气息
带着一片欲落未落的雨滴

她在这诱惑中苏醒
茫然无措
却又本能地释放出热情

于是沉睡的冰霜渐次融化
每一分颜色都是最饱满的姿态
你低头微笑
就能看到她已全然沉溺

# 春讯

你的声音我就快要想不起
像一滴水落在湖心
还来不及荡开涟漪
就已找不到任何痕迹

书架上的绿萝开始枯萎
熬过了严冬
却熬不过初春料峭的寒意

我在努力地学习忘记
把思念都封锁在心底
微笑不过是瓶中盛开的鲜花
表面无限灿烂
内心已极度空虚

你是这个季节的神祇
不去想别人心中的期盼
你只管翻手为云
覆手为雨

# 等待岁月

很想一瞬间老去
到我们曾经约好的时光里
听听院里的芭蕉叶上
雨滴是怎样敲出过往的传奇

若今天以后的光阴
都能和你一起浪费
那么虚度这每分每秒
我都不会觉得可惜

要用几重未来覆盖过去
才能忘掉你的痕迹
我将所有的时间都编排了顺序
然后怀着小小的窃喜想要跳级

可是余生那么长
煎熬不过岁月
我只是一尾无意入网的锦鲤
逆流千里，也逃不脱你的掌心

# 寻梦

有没有一个故事
穿越了时空
来到你的梦里

我用半生的时间来追忆
曾经入梦的似水年华
和隔了半个世纪的青石小巷

蓦然回首
青砖黛瓦
已不复旧时模样

梦里的雨巷
梦里丁香般的姑娘
梦里随风飘散的惆怅

我只听一听微风拂过的声音
就像嗅到了那段岁月里
遗留下来的气息

要走过多远的路程
看过多少的风景
才算拥有一双能看透世情的眼睛

斑驳的古墙沉默不语
悠长的小道唯留一声叹息
你来或不来
这千年的记忆都不会褪去

一条树树花开的林荫道
一声铜环铁锁的脆响
一段不曾邂逅的故事

我在落英缤纷的檐下怀想
怀想当年
是否有人也是这般模样

镌刻了无尽的思念
换成这一笔笔勾勒出来的光阴
浓墨泼进这小巷

浸染出前世的深情

你说山高水长
从此不问归期
我于这万丈红尘中退隐
不再追问你的消息

# 还是很喜欢你

我还是很喜欢你
就像不远万里回归的候鸟
翻越最后一道山梁
翅膀卷起无边的风浪
背后是万丈霞光

有声音穿过所有年华
抚摸着来时的每一条小径
我又回到最初的地方
看月亮升起落下
在心间开出一朵莲花

天涯也只是远方
谁的呼唤
在袅袅炊烟里层层绽放
我还是很喜欢你
就像暮色中苍凉的轮廓
仍是寻了一千三百千米的模样

# 等风归来

风雪将陈年的悲哀都深埋
待春暖花开
再消散，从浓郁的黑暗中凸显
用怎样的笔墨才能描绘出
这一抹轮廓里隐藏的流光溢彩

有一段执念始终都在
像爬山虎那样茂盛地铺满心间
在凌晨静谧地绽放
那样无声地邀请，带着
茉莉清茶般芬芳的情怀

夜色在沉睡中跌入深海
握不住掌中半抔流沙
阳光停在谁的肩头
等风归来
眉间，长出春日第一株水仙

# 如果是你

春有海棠冬有雪
虚度了无数一折就断的光阴
拈花微笑
遮不住唇边隐匿的冷清
在寂寞的丛林深处等我回眸
如果是你

装作不知黑夜已悄悄来临
一树寒鸦被路人惊醒
芭蕉叶上没有雨滴落的痕迹
听风声西坠
将落日的温暖延续到掌心
如果是你

如果是你
席卷了所有不为人知的艳丽
从秋色缱绻的琴音
到仲夏月夜里曼舞的身形
光影交错
你在层层涌动的目光中逐渐隐去

# 忘记

你和我之间
隔了一袭薄薄的尘埃
漫不经心地走近
又旁若无人地离开

在夜深人静的时候哭泣
眼泪纷飞如雨
找不到理由劝慰
昨日的情节一再重现
忘不掉的是走过后又回头的美丽

从现在到未来
有人在前方微笑
带着一无所知的勇敢
关于过去，从此只字不提

# 放下，放不下

在某一天清晨醒来
帘上晃动着细碎的光影
心中的风云都已平静
谁说覆水难收
你看，抚过空气中每一粒浮尘
我准备，收回曾倾巢而出的情意

你说会陪我看夕阳映红屋顶
门前青山绿水
随手划过，都是旧日描绘的风景
走过所有你历经的路程
痛过所有你完成的剧本
余生很长，我不怕浪费光阴

清风又吻上窗棂
扣不开经年的寂寞
红墙上斑驳的是新一轮宿命
都说覆水难收
你看，月光下丝丝缕缕的情意
正消散，成为逐渐远去的传奇

# 两极

在一个又一个梦中惊醒
我想攀上的那趟列车
始终在不远的前方
手中的年华都变成飞速后退的风景
从哪儿传来匿笑
将希望和落叶一起抖落在山间

在时光的隧道中踌躇
怕踏出的脚步会瞬间苍老面容
也不敢回望
担心走得太远
会找不到你一如既往的微笑

阳光那么灿烂
却触碰不到我心底的哀伤
冬季的风一层层覆盖住过往
满目琳琅，没有一丝入心
烈酒也撕不开掩藏的秘密
天欲黑，有人身上夕阳正暖
有人心里大雪纷飞

# 你走，我不送

每一朵姻缘的绽放
都是有缘由的
我可以忘记一切苦难
可以忘记一切背叛
可以忘记曾经的誓言
说从今后不再相信爱

你若要走，我不送
我只珍惜
你低头的叹息是真挚的
你俯身的亲吻是爱恋的
你侧身的凝望是深情的

你若要走，我不送
多少姻缘的绽放
都只是刹那的芳华
挥一挥衣袖
所有的不舍都只是杜撰的笑话
世界那么大
总有一处等待
是容我来去自由的天下

# 梦境

我期待过山间小屋檐下落雨
在曲径通幽后转过凉亭就与你相遇
那时刚好你已打开心扉
我们不问俗事
不去想爱与不爱以及该与不该的问题

桌上的咖啡还冒着热气
炉火的余温还未散去
你回眸的微笑好像还蛊惑着我的神经
有风经过窗口
带走属于悲伤的最后一丝气息

阳光穿透暗花玻璃的窗
拂落我昨日归来时的尘埃
如同蝴蝶的羽翼
刷过肌肤上最柔润的纹理
唇印是冰冷似水的回忆
眉目轻扬
就跟跄跄跌进不知哪一世的轮回里

# 等一场雪

在黑夜绽放到白昼的每一层褶皱里
寻找曾经爱过的痕迹
秋霜从青石小路爬到矮松树顶
收敛惊艳了四季的风情
来等待一场雪的降临

缠绵的思念被一首老歌揉碎
月光仍然悬在屋檐
撕裂的疼痛开始蔓延
我无法拒绝你的到来
就像沙滩无法拒绝逐渐渗透的潮水

从初春走到残冬，目光愈加消瘦
草茎上的薄雾全都冰冻
等一场雪，在静谧的夜色下旋转
它的嘴角带着冰凉的微笑
而我们，还沉溺在过去的情节

# 采薇，采薇

谁拨动静默的琴弦
如同素手划过琉璃瓦下的风铃
如同微风拂过碧纱橱前的珠帘
如同情人曾留在耳边的呢喃
如同，伤心人的一声叹息

我站在回廊
怀抱着一个悠长的梦境
院里空空荡荡
身后的影子孤单得太久
无处安放

将灵魂沉入海底
想就此与世界作别
有音乐一直回旋在心里
用一段惊艳时光的舞蹈讲述相遇
因为你
这冰凉的岁月变得温暖

# 两重天

阳光仍然可以穿过高墙投射下来
明灭的影子随步履游走
有暗香浮动
一朵花在墙角缓慢舒张
两重天在风过的漩涡里打开

我用半生的时间来追忆
曾经入梦的似水年华
和隔了半个世纪的悠长小巷
蓦然回首
红砖黛瓦，已不复旧时模样

眉间的印记
是翻过数页《楚辞》后拈起的墨香
暮色中谁在吟唱
一枚绣花针
被遗失在泛着幽光的青石板上

# 两棵树

我知道
当我某一天回来对你伸出双手
即使你已离去
还是忍不住会回头

苍穹如此寂寞
你的声音被喧嚣的尘世淹没
且莫问
小楼风雨何时停下来

你一直存在于我的眼中
存在于我的脑海里
存在于我的心底
存在于，一切我存在的意义里

这沙漠中万年不变的岁月看得到
夕阳西下时
你的背影，温暖依旧

# 秋殇

我看着波涛拍打着岩石
看着沙滩呜咽着被洗去记忆
看着暗沉的天空
一点点吞噬海鸥最后掠过的潮汐

我听到秋风吹远了年华
听到落叶叹息着被带离枝丫
听到时光从指缝间
一点点告别昔日自己时的挣扎

玉笛从千里外的荒漠送来思念
折叠成廊前寂寞良久的空弦
夕阳下翻飞的衣袂
是你打马扬鞭时眉目间的惊艳

大雨从黄昏一直下到你转身离去
万重浪花呼啸到心底
泪意自树梢开始层层凉透
我在檐下回首
再不见当初青梅低嗅的情浓

# 无法停留

秋虫已经是不知第几次的呜咽
我翻遍每一道时光的缝隙
找不到遗落太久的诗句
曾经的岁月在窗棂上生了锈
就此封闭了灵魂的出口

落叶在空中盘旋
夕阳将丛林的影子描摹成离殇
风从远方归来
吹开鲜红丝巾的一角
飘散如烟的
是手中怎么也握不住的年华

永远看不清的是未来的颜色
脚步被生活的纤绳拽紧
风景微笑着后退成一帧黑白照片
我和我的憧憬
在这车水马龙的街头擦肩而过

# 神话

一曲箫声，悠然入梦
千年古刹
是否有前世的梵语
我乘风而来
赴你今生之约

一壶烈酒，洗不尽经年浮华
对酒当歌
跨越爱恨积叠的浮屠塔
你把音律微调
乱了来时乐章

思念如织，微风拂过发梢
每次流动
都似你的拥抱
不想停留
怕回首都是苍白的过去

剑气如虹，挥断情丝万缕

玉笛清幽
纵有千般心事
知音难觅
诉与谁人听

素手轻弦，空把流年负
心字成灰
走不完的断桥
我在缘分尽头驻足
目送背影在夕阳下苍凉

仗剑天涯，原是书中神话
暮鼓晨钟
余音在残寺里回响
是谁在耳畔低语，温柔如斯
不如归去

天涯路远
不如归去

# 借

请借我一缕夜色
将印在心口的朱砂层层掩去
浓墨欲倾
浸透半城呜咽的烟沙

请借我一袭月华
将指尖成块的思念徐徐点亮
山雨欲来
浇灭飘忽不定的昨天

请借我微风轻拂过发梢时留下的清香
抚慰凉已初透的过往
请借我穿过枝丫罅隙间的半片阳光
温暖转身时背后的忧伤

请借我你双手的温度
借我曾一寸一寸铭刻过的轮廓
覆盖那些
还来不及忘却又开始萌芽的爱恋

# 等待凋零

在廊下竹溪旁焚香
一曲琴音
等三更过后的风雨
带走夏花的绚丽

终于想起
那一次是为什么哭泣
但天已微亮
再想起来
也只是夜色中蒸发了的过去

院角静默的长椅
在等一场
突如其来的凋零
邂逅，很多时候
只是为了分离

# 泡沫之夏

恋上一朵花的影子
等待他转身时
心里留出的位置

隔了一个四分音符的距离
再寻找来时的痕迹
已变成剧末永恒的休止

炊烟在调色板上升起
信手涂鸦
勾勒出夏日里泡沫的期许

夕阳下的篱笆被谁打开缺口
一朵雏菊偷偷探出头
她不知道
前方已云涌风起

# 一盏残阳

眼见微风已经穿过了松林
眼见细雨已经打湿了窗棂
眼见路过村庄的那片乌云
已经停在了头顶

这片伤心的向日葵
留不住杯中那一盏残阳
高原上的厚土地
将昔日的情意一饮而尽

大朵的格桑花开始凋零
有无望的灵魂自半空飘落
追逐还是停留
都在指尖
明灭不定的烟火里

## 温柔的救赎

从南极流浪来的风
穿过我的黑发
不做停留

有一滴眼泪
从日暮滑到晨曦
欲念由爱开始
不知道何时就已结束

你只管覆手为雨
任伤痕
在最初的海岸线上埋伏

痛了就哭吧
于是一切
都变得无足重轻

# 今夜，我在德令哈

胡杨林在沉睡
茫茫戈壁滩在沉睡
雅丹在沉睡
所有的心灵都已沉睡

这是一座石头堆砌的空城
霓虹灯不过是幻影
世界如此寂寞
思念也越来越稀薄

今夜，我在德令哈
耳畔的呼吸
是滞留千年的流光
弹指一瞬的繁华
消散，在凌晨的梦中
涌起的浓雾

# 来时路

八月的风醒了
在历经沧桑的山路褶皱里
邂逅了一群忙碌的蚂蚁
腐烂的树叶
散发着岁月静静流逝的忧伤

你是否曾在前世回眸
留下唇印的曼珠沙华
在你转身之后
一瓣瓣枯萎
苍白的容颜上
不再有任何爱过的痕迹

青山渐隐
芙蓉消退
来时路过的所有风霜
都凝成嘴角那朵微笑

# 沉没

生命如此脆弱
载不动
最后一滴水的压迫

每个人都快要窒息
挣扎，想要摆脱
每个人又都在这欢愉中沉溺
即使欢愉之后的覆灭
已初见端倪

最后一圈波纹合拢
隐藏在平静下面的骇浪
即将撕裂
某一处幸福的表象

# 暗夜至暮色

将尽的炉火
吞噬了最后半缕声音
罪孽和罪证，都一起消亡

一切都在暗地里生长
包括墙角被遗忘的灰烬
鸟儿啃啄过又丢弃的稻穗
以及盛开在心灵深处的那蓬清晖

晚霞撒在湖中，带着一些伤悲
从水面到天际的距离
如同某种最亲密的关系
有时候水天一色
有时候，又似乎永无交集

低悠的风穿过掌心
灰鹤用翅膀击碎了波光
远处有梵音渐至
只有岸边的苇丛能听得到

# 春潮

潮起时
摆渡人将最鲜明的记忆
留在了一群鸭子嘎嘎的叫声里
没有大漠孤烟
没有长河落日
只有一江春水
慢慢地淹没了来时的脚印

# 栖

你把夕阳的影子
揉碎在羽翼下的清风里
明知道注定漂泊
却为谁而驻足
苇丛深处有一尾鱼儿
正为是否前行而踯躅

# 走进丛林

黑夜蒙上我的眼睛
星星太遥远
我不断地奔跑
任荆棘刺破脚心

幽灵在翩翩起舞
墓穴的门关不住月光
你的长发在林中蜿蜒伸展
眉色湖光般潋滟

每一次呼吸
都濡湿一寸思念
慢镜头划过的时空里
有一枚黄叶落下
蝴蝶的翅膀
在昨天遗失

# 庄周与鱼

每个人的心底
都有一些不为人知的殇
藏在每一朵微笑中
和每一片凋零的花瓣里

梦是黑白的
再深沉的悲哀都无法描绘
我以为我在梦里
可是伤痕如此清晰
等睁开眼
你的影子带着冰冷的笑意

七秒过后
我把记忆都还给了你
踩着来时的脚印
又穿行到重复的情节里
我以为这熟悉的面容
只是因为
曾在梦中相遇

# 失爱

我们将爱的能力
丢失在了五月的麦田里
从此山高路远
从此心字成灰

昨夜一直下雨
旧日的情意如同鬼魅
丝丝缕缕吸入心肺
这样安静的时刻
忽然不敢再听到你的声音

回忆覆盖回忆
就像荷塘里鱼儿跃起
推开后来不及荡漾的第一圈涟漪
雨过天晴
我看到树叶上有只蝴蝶儿在飞

# 倦鸟

温柔是无形的刀
镌刻出谁的模样
倦鸟堪堪掠过
染了流云
惊了岁月

情深不寿
一语成谶
我在槲寄生下回眸
大雪纷飞
怀中的蓝色鸢尾
正一瓣瓣凋落

耳畔是曾经的旋律
无休无止
六月的穿堂风
经过我梦中的庭院
当我漂泊归来
他只是静静地为我把门打开

# 樱桃与晚霞

一切美好
都终结于巨兽般的黑暗中
越绚烂
越绝望

艳丽的颜色剥落
吞噬掉的何止是命运
一见倾心
不过是欺骗与被骗者的游戏

这点鲜艳
迅速融进夜色
心里有一片河山
正以想象不到的速度在沦陷

# 结束只是另一种开始

如同一片枯叶汇入车流
瞬息间
半点痕迹都不再有

这流淌一地的萎靡
是泡沫传给泡沫的情话
存在的每一秒　都是煎熬
有灯花爆裂的声音
想得到某一处光影的回应

暗夜似浓墨
逐渐弥漫
融成魑魅的轮廓

他们都在轻叹
这只是一场意外

# 从烈酒走到终点

用一滴冰封千年的温度
兑三分天山雪莲的冷艳
琉璃杯里旋转的弧线
是夏花开得最浓烈的颜色

只在雨中哭泣
因为谁也看不见眼泪
趁时间还来得及
彩虹出现的时候笑容已变得明媚

从楼顶到地面的距离
有人用一个飞跃去丈量
半生浓缩成的那几秒
是不是真的有天籁在耳边回响

心上有一座桥
彼岸是岁月刻下的墓碑
我沿着你的脚印走过
假装你还在身旁

# 一滴露珠的消融

我的心在春日的枝头雀跃
三月的风　穿过一条静谧的小路
穿过我掌心的纹路
林中斑驳的光影里
一群鸽子在踱着方步

细雨浸透所有叶脉
没有一缕　是我想要的温度
陶埙的旋律已几不可闻
回音都意兴阑珊
化为灵魂深处的泪
沸腾的　或是麻木的
毛毛虫在寻找他的翅膀

有一枚花瓣正从树冠坠落
露珠还没来得及
沾染上清晨第一束阳光的气息
天色欲晚
所有的痕迹
都好像从来没有出现过

## 初夏·杜鹃

她在丛中拈花微笑
没有人留意
记忆里的文字
唯美的　忧郁的
都在时间的长河湮灭

比烟花还短暂
是谁的容颜
舞步蹁跹
掠过这初夏掌心

天青色惹来微雨
湿了精心描摹过的眉眼

我看到你的感伤
在花丛最深处露出一角
带着孩子般的天真

# 你好，五月

触手可及的麦芒
遥不可及的星光
总想握住刹那芳华
却失了指间所有流沙

暮春的气息
随垂丝海棠的花色凋零
湿润的　腐朽的
都在这个季节埋葬

我的身体里住着两个灵魂
一个幼稚
一个苍老
如纯善懵懂的孩童
踯躅于无边的黑暗中

远山全在眼里
秀色　只在心底

# 四月末

有风
从鬓发边掠过
年华瞬间苍老

一株藤萝悄然攀上树顶
次第绽放的愉悦
似晨露无声滑落莲叶
在一幅泼墨画里穿行
水袖翩飞
掩住眉梢千种风情

四月
于涉水而来的流觞前驻足
远处
晨光初现

# 桃之夭夭

浓墨重彩，怕惊了那一低头的含羞
轻描淡写，描不尽天生的一段风流
你把艳光略收，荣华浅驻
待雨歇云断，却是春色无边灼灼耀目

人在来时路上羁留
心在天涯尽头漂泊

暖风微醺，万丈红尘都变得温柔
你在丛林深处回眸
那时暮云渐低
半缕斜阳在你眉心轻笼

# 空镜头

我们以最虔诚的姿态去回望
再多不堪和破败
都在这一瞬凝结，溃灭
就像风吹散惊尘

镜头中虚化了谁的笑容
望不到边际，野花开满山路
掌心的温度
已执拗地生长在心底

我与下一个路口
只相隔半寸薄薄的昨天
木屐踩在深巷的青石板上
声音远成几不可闻的叹息

借一缕月色
织一张捕捞岁月的网
把这一世风光
聚做指尖一段年华

# 每朵云都下落不明

一缕沉香
散在七层浮屠塔顶
蝴蝶的翅膀
在窗纱上排列得漫不经心
心底有一丛野草在蓬勃地生长
血液中喧嚣的声音
一如荒野中呼啸而过的风

我在亿万年前的时空里穿行
堪不透人心的凉薄
唯余沉默

每一朵云都下落不明
每一粒星辰的轨迹都杳无音信
在一个昼夜之间轮回
落英遍地
只是又一场角逐上演的序曲

# 边缘

你听，雨落在城市边缘
是谁任性地挑起风尘
将岁月揉碎在指尖
老树上一茬茬新芽
如心底消瘦后又丰满的执念

你怎忍心，让我飞在你梦的边缘
麦田里疯长的野草
隔断了寻觅的视线
我飞不进你无边的寂寞
就像蝴蝶飞不过沧海

我一直存在于你灵魂边缘
你漫不经心的一瞥
沸腾了血液里所有缠绵
任他覆手为雨
再多温柔
都湮灭在你一念之间

# 残年

羽睫下的阴影
轻易就变成可以宰割我的天意
只需一个眼神
即使远隔千山万水
也只是一朵花和另一朵花之间的距离
眉梢的风情
令所有防备都溃不成军

找一万个理由
来参与生命中每一场宿醉
余下那些年华
不过是阳光漏过指缝留下的丝丝痕迹
大朵梵音落下
印在欲说还休的回眸里
荒野的风
从我身体的每一条经络中穿过
岁月已经枯萎

# 昨日之殇

他眼里有一片金黄的流沙
让人合身沦陷
无法自拔
悬在头顶的
宿命的号角在呜咽

风吹过麦田
是大片青涩的年华
在一幅画卷里永生永世地开放
有半缕炊烟
正对谁倾诉忧伤

如同一场盛大的仪式
在最原始的血液里慢镜头般流淌
一切在退化
回归
直至所有炽热的眼神覆灭

# 你

你是阳光
是微风
是一闪而逝的流年
是我心底的一片空白

你是掌心的火焰
是我等待靠近的温暖
是蜻蜓掠过湖面
留下那一圈来不及散去的涟漪
和足够回味一生的心酸

你是落在指尖的雪花一瓣
是眼里疯长出来的思念
是摇曳的烛泪
一念成灰
只在明灭之间

# 柠檬草的味道

晨光熹微

落在眉间

两三滴露珠儿润湿了眼睑

有一种美丽

无须全然绽开


你只要微笑

就是一亿朵莲花怒放

甜蜜到每缕发丝都在蹁跹

有一些话语

无须全说出来


半笼烟雨

浸透一个世纪的等待

你在暮色深处回首

惊艳了整个冬天

## 幻象

不要仰望星空
那样绚烂的存在
会打乱你的节奏
音乐如潮水般涌向耳膜
你忽然对我微笑
时光就停留在声浪中

眼眸里似有烟火
我不敢回头
怕一个触碰
就会万劫不复
舞台上腾起的云雾
只是你无意间挥出的水袖

情景依旧
你给予的幻象
不过是我逃离的理由
红绡帐里醉卧
借了江南一盏梅酒
放任刻骨铭心的记忆
逐渐消融

# 断片

在梦中做梦

蜗牛拉长它的触角

想逃离层出不穷的烦忧

星星亮了

又暗了

无人能懂

静谧的暗夜里

独自行走的落寞

沉默的轨道中

有一枚脚印

泛着冰冷的光

# 暮秋三叠

鼓角争鸣
依稀还在梦里
眼下乌青的阴影
刻画出寂寥的灯红酒绿
路难行
路难行
将一生不羁的梦想
抛在不谙俗世的秋风里

炊烟凉透
八百里思念望断天涯
不可说
不可说
回首又一轮冬夏
渐行渐远
周而复始的剧情中
坐等夕阳西下

意懒晨迟
倦梳头

倦梳头

欲把心事休

满腔难明的愁绪

只换一壶清酒

千言万语

尽付东流

# 小窗风雨

你一转身
世界就进入冬季

手心的颜色枯萎了
来不及再种一粒种子
风从窗隙钻进
撕裂曾经留在心头的痕迹
愈是凌乱
愈是明晰

注定的结局
再多眼泪
也不过是祭奠而已

下一扇窗口
也无风雨
也无晴

# 秋·空守

一夜入秋
夏虫都沉默
掌中曾紧握的温柔
被窗外的雷电击中
分割成两地哀愁

对镜空许诺
只隔了一个昼夜
海誓山盟都化作已开刃的刀锋

一世的渴盼
不敌半生的负疚
指尖牵引
翻来覆去，不过是情景依旧
芭蕉叶下
惹了谁欲说还休

# 八月的寂寞

琥珀色的琉璃碗也静默
阳光就快要溢出
窗外有一块斑驳的影子
从院角的柳树下
悄悄地溜到屋后

无法安抚自己躁动的心
你在对岸观望
看这个季节是否还有暴风雨
从我身边肆虐过

用最狠绝的利刃
切断了手中最温暖的存在
连青草地上的一滴露珠儿都在叹息
他们看不到
只在暗夜中撕裂的落寞

# 昨夜，星辰陨落

你的眼神不能触碰
那里面盛满了
一个又一个漩涡

可是，在今夜的月光下
我想为你写诗

不能想象
你的睫毛刷过我手心
会是一种怎样的颤动
如同不能想象
昨夜有一颗星子
悄悄地从银河的眼角滑过

你挥一挥手
背影有着些许寂寞
忽然想借一醉
解了将你放在心间的愁

可是，今夜你悠然入梦

那愁

便也化作星辰陨落

# 醉笑由他

一壶烈酒
灼伤了谁的眼眸
身体的每个毛孔
都在叫嚣着挣脱春夏的旧梦

在这场灵与欲的角逐之中
一枚冰凉的印记隐在门后
冷漠的笑容里
有某种疼痛无言地散落

琼浆玉液
浇筑千般滋味在心头
最完美的微笑
演绎的是最醇厚的孤独
你只管覆手为雨
哪怕千丈软红
遮断的是记忆中的归途

# 有风拂面

阳光灿烂
一朵夏花正开在眉心

梵音分明在流连
山迢水远也挡不住的执念

清风徐来
无数声浪都碎开
千万朵睡莲的绽放
不及你含羞低头垂下眼睑

有灯火在心底熄灭又点燃
蔓延的思念悄无声息
就像水融入水面

# 不念过去

天色已经暗了
乌云堆积出的黑色漩涡
如同一只饱含深情的眼眸
我看到
大滴的眼泪即将落下

亲爱的
请用你温柔的眼神来抚慰我
当你的目光在我掌中游走
我心底的阴霾
也正一点点剥落

也许曾经
那些触摸不到的诺言
将青春都荒废
错过我蓬勃生长过的美丽

有何堪不破的过去
即使风雨交加
也不必在意

合上这一页的颓败
阳光已透出云隙

# 子夜·听雨

有风声
从子时开始呜咽
辗转过后
又进入走不出来的梦境
这冗长的夜
连文思都枯竭

你爱或者不爱
我的寂寞仍会开花
心里空缺的地方
淅淅沥沥的小雨
已经开始灌溉
一朵即将枯萎的灵魂

我微笑
镜中的我也微笑
笑容里的苍白
掩盖不了镜子里面的无邪

拂过这一页的风尘
眼睛便被窗外的雨声浸透
再多的承诺
都比不过
这雨夜中突如其来的问候

# 悲伤逆流

当我微笑着低头
悲伤已蔓延到身体的每个角落
秋叶轻轻从肩头滑过
瞬间年华就苍老许多

从初冬走到夏末
抬头看阳光一点点在指尖抚摸
不敢回首
若是一念起
怕这回忆从此都只是寂寞

逆流成河
过往全被卷入漩涡
只剩下你的样子
不断地在心间重播

# 在我老去之前

给我你的手
在我老去之前
山花开得正好
晚霞已染透蓝天

对我再温柔一些吧
在我老去之前
我孩童一样的天真
只停留在你的身边

我们的距离
就在眉头微皱之间
请用微笑来温暖
我走向你的过程
在我老去之前

在我老去之前
你能摘下那朵蔷薇么
将它轻轻地
轻轻地簪在我的发髻

# 海的温柔

我把风声束在秀发里
每走一步
都有波涛的呼啸在耳畔

月光又瘦了
只能恰好绕纤腰一圈
轻轻呵一口气
将前世没有写完的思念
都凝结在视线里

海螺累了
静静地躺在手心
我在沙滩上曼舞
脚尖碾碎的
是海誓山盟的曾经

浪花如此多情
赤足的感受
恰似你延绵不断的温柔

# 风满楼

天地昏暗
高墙檐角的背后
成片乌云在匿笑
华章都已破败

胭脂残红
空留碧纱橱下的对白
想用最美的语言
来形容落花流水的无奈
山雨欲来
浓墨重彩
书写的依旧是不变的情怀

风，呼啸而来
满城烟沙
不过是纵横天下的预演
轻描淡写一纸临摹
任他金戈铁马的梦魇
也化为青丝绕指的缠绵

一曲旧音

把陶埙里不成调的呜咽

当作年华逝去的祭奠

# 海棠无香

水墨晕出一重轮廓
染透软如宣纸的天空
你就在此刻绽放
连风雨都变得沉默

人心过于凉薄
猜不着曾预演千次的结果
我数遍昔日的情由
那一回拈花微笑
恰好你从身边经过

眉间深蹙的痕迹
展不开谁书下的轻愁
温暖依旧
是刚拥抱过的烟火
羞煞三千粉黛
只恨海棠无香
哪怕风情都成为漩涡
遮不住落日余晖
在半片凉石上醉卧

# 习惯

未道晚安
只一缕黑暗
就染透无限孤单

回身拥抱
触摸到空气
这小小的习惯
偏偏成了自然

在凌晨辗转
挥之不去的画面
是你曾经的笑颜
消失的越发清晰
熄灭的已燃在心间

不用回头
静待一个人的明天
慢慢变成习惯

# 阳春·白雪

若只是一重修炼
要怎样跨越千山万水
在阳春三月的深夜
下一场温情脉脉的小雪

桃蕊欲吐
梨芳初现
光影才探出视线
你羞怯的面容
刚绽开半寸欢颜

世人不解风情
寒流依恋地回首
只为邂逅一次别样的美丽
待雨收云断之后
再细细品尝
为爱辗转的滋味

# 遇见

在一个不知名的角落静默
在千年轮回后的今天
开放
你涉水而来
折柳含笑

在小路即将消失的尽头等候
在五百次回首的此刻
相遇
空庭春欲晚
寂寞犹在

淡妆浓抹
提笔犹疑
怕眉间那一粒朱砂
刺痛已忘却前尘的心
装作云淡风轻
在擦肩而过的时候微笑
仿佛
从来不曾有过交集

# 逆光

我看到阳光都破碎
在你盈满悲伤的眼睛里
风依旧飞翔
没有丝毫的眷念

我听到春潮在澎湃
盛开出一朵花的孤寂
万重山水已过
却禁不住半管箫声

香草气息在目光中弥漫
欲说还休
呢喃淹没在记忆里
诺言流淌一地
空气那么透明
就好像
当初相遇的时候
你伸手拂去
我发梢的露水

# 浮云叹

霁月难逢
误了良辰美景
玉兰香苑花影伶仃
看孤独都凋零
成枝头一息怜悯

彩云易散
空许誓约又何堪
趁春光灿烂情意未残
清风日渐慵懒
把昔年错付的流光
再凝聚到指尖
落笔至此
是永远填不上的圆满

转身之后
请忘记
曾经对你微笑的双眼

# 我想，我是爱你的

当花瓣上第一滴露珠儿落下
正好轻轻敲在
我微微抬起的脸颊
有一种情怀在唇角绽开
荡漾在距离你最近的地方
我想，我是爱你的

我想，我是爱你的
如同眷念这稀薄的空气中
最为珍贵的某段年华
洞箫的回音折断在耳畔
拼尽气力
也捧不住指间半尺流沙

岁月的呜咽吹皱了红颜
你为谁温润了眉眼
旧梦依稀，残了思念
我坐在屋檐下
细数你曾来去过的步伐
月光已悄悄攀上窗棂

你回首对我微笑

就在此刻

我想

我是爱你的

# 春暖花开

我以为，这个冬天
会一直冷下去
却转眼阳光灿烂，温暖宜人
我以为，我的人生
会一直灰暗下去
却转身遇见你

指尖微凉，带着早春的气息
轻掠过发丝
暖风一样的温柔
你的眼神如此清澈
我的心却一寸寸地迷失

若隐若现，幸福就在天际
仿佛触手可及
你走之后
连空气都充满孤寂
等待春暖花开
是这一季不断重播的心情

## 蓦然回首

我走过洱海
洱海月映苍山
天涯在耳畔折断
阳光轻抚过双眼

我走过四季
四季低头不语
却遇见群山回唱
绵延不断的美丽

我走出你的视线
为邂逅另一段风景
可你留在原地
带着永恒不变的笑意
走不出你心里
清风醉人
比不过你眼波流转
含嗔带怨

当我回眸

有千朵烟花绽放

一如年少时

你在心间刻下的印记

# 雪语梅情

我从南方的艳阳里
蹁跹而来
偶遇，这一场岁末盛典
枝头最浓烈的笑意
为你绽开

仿佛前世种下的姻缘
静候这一刻
我已沉睡千年
你悄然落下
蒙上我羞赧的双眼
缄默，才是我心底的爱恋

用你苍凉的胸怀来温暖我
情缘太薄
抵不过，阳光给予的距离
将累世深情都积攒
点燃这瞬间的怒放
哪怕炙热地拥抱之后
爱与恨，都一起消散

# 一场兴亡

我以为一切都跟从前一样
阳光透过树影照进院角
冬日里茶花一朵比一朵妖娆
爬山虎的根须偷偷溜到屋顶
心不妄动，岁月静好

你说的一切我也曾在心里渴望
比如举着枯叶在树下逗蚂蚁
在温暖的阳光下一直奔跑
池塘边半个弧度的寂寞开始破冰
细微的咔嚓声
排列成追逐寒风的诗句

我以为它们不会成为心动的依据
可是遇到了你
世界万物都开始复苏
从我脚下蔓延到远方的无声的呐喊
带着势不可挡的力量
你只需要轻轻地抬手
它们就会温顺地匍匐在你身旁
如此，甚好

# 不辞冰雪

你说这世间情爱如烟
我只当作戏言
却不料一语成谶
再不见曾经欢颜

你说这梦境似真还假
想就此进入冬眠
怕风霜过于清冷
归途无人可以陪伴

你说缘分不肯停留指尖
在心中千回百转
红尘里人情凉薄
愿为卿不辞冰雪
择半简信手谱就的新曲
和两阕胡乱入怀的诗篇
待来年春暖花开
蝴蝶自来

# 暗香疏影

捋一段月光
恰好铺在这满树繁花上
眼神再温柔些
别惊了枝头
那点清冷的芬芳

忽然的悸动
为手心一缕残留的暗香
风吹过树梢
将叹息都拉长
微微低头的含羞
是刻在岁月尽头的模样

我在红尘中守望
辗转几世秋冬的严霜
光影交错
荣华散尽
把积攒数载的风情
付与物是人非的离殇
这一刻冰雪消融
痛了曾携手经历的过往

# 那只是一段取舍

我还记得
炊烟飘过村庄的样子
脚步犹疑片刻
它就消散在落日的余晖里
暮色一直都苍凉
稚童的声音轻灵响起

整段故事被北风切碎
凌乱的回忆像老旧的胶片
拼凑不出我想要的结局
甘蔗林始终缄默
有一行脚印
曾穿过这个冬天

冰冻的河水发出细微的咔嚓声
那些被肢解的岁月
将永远在水底沉睡
其实也没有关系
放手与挽留
都只是一段取舍

# 心之所向

胸口的火焰
在风中摇摆，熄灭
余烟迷茫地顾盼
置若罔闻
空对冬日暖阳的眷恋

乍暖还寒
消瘦了窗外芭蕉
如美人眉间，一点赤色
遮不住的风情潋滟
带半缕遗世的哀怨

捻一抹檀香
静远，是南山来客
温柔地在鼻尖缠绵
心之所向
望断天涯云端
逐渐模糊了
曾经萦绕耳边的低喃

# 无题

冷雨敲窗

打湿枕边清浅的回忆

忽然想起

你温柔的声音

曾隔了千万里

来抚慰我

被风霜浸透的孤寂

旧梦无痕

已隐入心头的朱砂

只在这样的夜里

微微疼痛

有风在耳边低泣

一颗种子的苏醒

在人生的旅途中

没有归期

# 冬至，下一个路口

转一个弯
阳光便消失在巷口
时间被虚无拉长
思念愈加纤瘦
北半球上冰雪消融
蒹葭灰飞

越是走近
面容越无法清晰
就像不能调节的焦距
在这最漫长的冬夜里
容我转身
在下一个路口
冬至将临
天微亮

# 古城掠影

千年古刹
熬不过岁月的变迁
阳光透过叶蔓
斑驳了谁的心殇
我把风情堆积在指尖
只等你回眸
便书下这倾世的一卷

手心的温度
随着冬日变淡
想握紧某段年华
却攥成满城的烟沙
你低垂眼睑
有暗香浮动
在这眉目间流转

灰墙黛瓦
静卧成心底的执念
擎万缕哀伤

织不出温暖自己的茧

天涯路远

我在红尘尽头流连

就怕一转身

便误了此生情缘

# 佳期如梦

你许我三世
却负我半生

满帘烟雨
染透双颊的醉意
暖风微醺
碧波十里
梨花树下的相遇
解开封印千年的记忆

天涯路远
素手翻过
一页红笺而已
怎及你回眸浅笑
便是万般风情

春色几缕
化不开的艳丽
空对闲庭月影
误了好梦佳期

你一转身
就是两重天地

# 拾爱笔记

明灭不定，是昨日的烛火
燃烧过最初的热情
却敌不过微风的叹息
袅袅余烟，迷离了视线
我站在桥上看你
看你怎样
逐渐成为别人眼中的风景

似镜头的魔力，忽远忽近
听得到的呼吸
触摸不到的心灵
嫣然一笑，风过处
被斜阳温暖过的轮廓
单薄成了立在手心的剪影

丛林尽头，是否还要寻觅
漫天落叶也只是湮灭了旧痕迹
任他斗转星移
我在时光中穿梭
行走万年也不变的情怀

当笙箫全都沉默

再回首，只剩一管别离的悲歌

# 残秋

一斛流珠
换半宵冷雨
残诗吟罢
方觉秋意已浓
只怕小令新曲
散不尽胸中愁绪

帘卷眉舒
写一幅阳关日暮
错把情丝千缕
付与小楼西风
挨不明的更漏
走不完的天涯路
殿前风云又起
闲林梅乱影疏

小云窗外
绿蕊轻舞
叹这素衣锦年
终究归于尘土

# 稳稳的幸福

呼吸就在耳边
手心温度仍在
梦中呓语
是还没分离
就已经开始的想念

你在目光中走远
不用回头
也能感受到的爱恋
却忍不住回头
温柔的眼神
再将身形描摹千百遍

等岁月染白了鬓发
沧海变成了桑田
你依然眼中带笑
低头整理好
我被风吹乱的衣衫

任世事变迁
这甜蜜隐匿在窗前
当我们携手
迈过又一个春天
身后姹紫嫣红
写满幸福的光环

## 当我们老去

若你往前一步
剩下的九十九步
都由我来走
可好

只要你愿意
这一辈子
我都困在原地
又如何

你画地为牢
我甘之若饴
你懂我或者不懂我
我都在这里
不离不弃

当我们老去
我还是我
而你也依然是你
远看夕阳正好

秋风正弹奏

那曲《梦中的婚礼》

# 无常

季节轮回过
风霜碾碎
一地腐烂的花朵

谁能将红尘看破
世事无常
绚烂如今朝
也不过是一场
转瞬即逝的烟火

时间枯萎后
再追不回
终将流逝的沙漏
把生命轻拈起
弹指间
解了半生疑惑

# 当你离开

阳光让人晕眩
在拥挤的人群中往返
没有脚步为我停留
也没有双手
抚慰我疲惫的泪眼

我是一个任性的孩子
在你面前
只管撒野放肆
从不担心你会生气走开
你陪我玩时
任我输了耍赖
宠溺地看我笑容灿烂
你陪我喝酒
许我装醉使坏
背我上一百个台阶
温柔地为我系好鞋带

我想要伸手拥抱你时
不用揣测

你是否会将我推开
睡梦中你也在对我微笑
怕我醒来
面对的是无边的黑暗

当你离开
千百次的告别
每一次都好像
你从此便不会再回来
阳光在人群中穿梭
不经意就打湿了
对你汹涌的想念

# 谁的时光

满眼繁花
转瞬沉疴
青丝变成华发
也不过是刹那
谁会去管
流星陨落在
哪一片天涯

对月持觞
把酒东篱下
休说红颜易老
为谁负了韶华
他日挥手别去
夕阳依旧
天边铺满残霞

有心也好
无意也罢
没有谁会是谁
永不言弃的牵挂

就把时光交错

付与一捧流沙

# 风满楼

错过是无缘
相聚过更想念
又何必见这
匆匆的一面

秋雨湿了窗帘
芭蕉叶调好琴弦
独上西楼
谁的呜咽
催老了岁月的容颜

幽篁无言
看这风满楼间
已不胜冷秋
红泥煮酒
也抹不掉的轻寒
借醉里挑灯
你的影子
逐渐模糊在杯沿

# 花开半夏

荣华过后
山河寂寞

这世间情仇
都只是一段
镜花水月而已
却依旧
贪恋半晌晨光
误了似水流年

不可说
俗缘三生
春风十里
若逢花开半夏
以微笑送你
在你曾经
出现过的传奇

# 无法拒绝

你含笑看我
眼神如此温柔
让我不能拒绝

你微笑伸手
揉乱我的头发
像宠溺一个孩子
让我如何拒绝

你眼波流转
眉目间全是风情
偶尔耍赖
带着微微的稚气
让我怎忍拒绝

你在心里
就在心里
明明知道
我无法拒绝

# 手心

我在你手心
只是一寸冰雪
指尖微点
万年的封印
融成春暖花开

当作听不见
迷途上的风铃已响起
太贪念
这一缕温柔的叹息
你的声音那样渺茫
穿过层层甜蜜的暗影
我盛装出迎
明月千里
将累世深情
都积聚在
你手心潋滟的波光里

# 故人心

你道别离
云水间　断霞千缕
何惜梦短路长
怕再回首
只剩一宵冷雨

暮天凉月
愁自遣　心字成灰
看寒烟碎影里
遗恨重寻
且待流萤飞去

梵香易冷
酒孤斟
堪不破小窗深锁
这浮华人世
不等故人心变
西风已卷去归路

# 烈火残阳

江山如画
终不敌
心间一点朱砂
负尽天下
不过半生繁华

残阳泣血
灼伤仲夏
随眼波流转
便望断了天涯
青春似细沙
纤指轻弹
却奈何
往事焚烧成灰
怎经得起
这天长地久
都变做了虚假

# 秋雨七夕

初秋雨
有温热的湿意
带着情人之间
缠绵的气息
在心头
斜织成迷

挥霍了青春
再拿什么爱你
蜻蜓点水般
我渴盼的美丽
从未触及

都道七夕
水墨一样旖旎
执三重烟罗
迎离人
不定的归期
独坐小楼听风
这良辰如花
也已开至荼蘼

# 梦回长安

素手箜篌
梦回长安

爱或不爱
只在转念之间
霓裳羽衣
夜空都被点燃
回眸浅笑
一眼万年
把那新词旧曲
谱成千回百转

山河飘摇
风雨欲来
写一首离殇
牵愁照恨
这满心夙愿
等来世再续缘

# 韶华误

暖风微醺
绿鬓如云
再回首
榆荫暗笼
心事在波光中氤氲

半支残埙
吹不散别绪
梦里千寻
怕这浓情误
却把韶华倾负

不怜暮春
偷将卿心浸润
花下轻舞罗裙
风姿绰约
填词数阕只为君

一盏金樽
邀几缕花魂

有暗香拂过疏影

旧曲杳不可闻

恍惚间

天色已近黄昏

# 风云动

瞬息中
天地都已不同
往事如烟似梦
我还在原处等你
而你步履从容
轻易踏过
曾经的海誓山盟

一念起
清霜湮灭苍穹
绕是流翠飞红
也掩饰不住的疼痛
叹时间太匆匆
物是人非
转眼都已枯萎
是岁月给过的恩宠

天际风云暗涌
有一丝哀伤
在你眉目间流动

# 逝者如斯

扬一捧流沙
听岁月里的呜咽
有人那样漫不经心
在静默中遗忘了它

孤独已经发芽
我将回忆慢慢拼凑
你的承诺都已随风
如大雨肆虐后的夏花

将昨天全抛下
指尖碾过半片风华
时光如水
流连不去的
是依然望不断的天涯
我又想起
你温柔的目光
曾轻拂过我脸颊

# 七月流火

恍如隔世的交错
暗香在枝头
一次不经意的翘首
误了千百年
寂然守候的因果

七月流火
写在《诗经》中的传说
是谁在轻唱
那个孤独的星座
和踽踽独行的我

情缘总是擦肩而过
不肯将就
宁愿将岁月都蹉跎
我在红尘中
笑看时间苍老了梨涡

回忆都被温柔淹没
紫藤花下

情景依旧
还是就当作
你从来不曾出现过

# 试着勇敢一点

昨夜的风雨
恰似一场
突如其来的温柔
消逝的时候
不留任何痕迹

雨洗过的天空
纯净如稚童的眼
遮盖住背后的惶恐
就像一夜安眠之后
便忘了心底的伤痛
还在血液里流动

我想试着勇敢一点
不再倚靠任何感情
如果你要离开
我会将我的心
打扫得干干净净

你看风雨已经过去

湛蓝的是我
独有的天真和热情
在满是曲折的小路上
依然微笑着走下去

# 盟约

我从前世走来
赴你白首深盟

装点过暮春的院落
那时朱颜未改
篱笆上缀满青果
柠檬草都展开叶蔓
在月光下欲语还休

孤独在枝丫上跳舞
不敢触碰
怕惊扰它的梦
我千百次的回首
只为刚好遇见
你从门前的小路经过

万载繁华过后
全是无尽落寞
这世间人情太薄
撑不住半曲《东风破》

待我们远离尘嚣
再于山林携手

到那时夕阳正好
合欢花绽开笑窝

# 四季都错过

丛林初盛
樱花接到天际
恰是桃红柳绿
春色满到让人心悸
你说等你来了
会陪我倾听
各种花开的声音

阳光灿烂
蔷薇开至荼蘼
只一转瞬
新莲铺遍绿池
你还在路口张望
来不及去思量
这次又错过了谁

桂子飘香
落叶都开始飞翔
我在夕阳下回眸
步履匆忙

心依旧在流浪
想要替你飞到
你总也去不了的远方

飞雪如絮
梅蕊初现艳丽
却闲敲残棋
看风云游走在天际
恍然似流年旧梦
不经意间
我们早已错过四季

# 夜来风雨

又是一夜细雨
氤氲着老旧的时光
窗沿停泊的感伤
洒遍寒枝
抵不过夏花的张扬
将满庭馥郁
弥漫到眉间心上

疑是陈年好梦
寂寞在低吟浅唱
我在红尘之外驻足
听夜来风雨
轻揉慢捻
把心事变得绵长

你笑阳光明媚
你哭山河呜咽
我曾经都去品读
待誓言全被穿透
忍将这半生年华细数

唯余残情破碎

真不如

这一夜风雨

# 绿野仙踪

浮光掠影
划过麦田里的叹息
轻悠如同软绸
遮住心底的疼痛
斜斟半盏月华
将思念再拉长
我只怜惜
那碧池小舟从此逝
多少离愁
都埋葬在这绿波里

十里红装
终是一场虚幻的梦境
微醺的诺言
不胜清风的抚慰
在你转身之后
化为漫天的花雨
而我在来时的路上
已刻满期许
只等经年繁华休

你再陪我
看细水长流

# 从不说出口的话

妈妈
您总是说
小时候的我可爱又听话
放学后唱歌给您解乏
那么小就知道
自己清洗鞋袜
我知道您的回忆
是因为长大后的我
变成了一个任性的傻瓜

妈妈
您总担心
没有父母待在身边
我就没有一个温暖的家
尽管我老是跟您拌嘴
又爱惹您生气
可无论我在哪里
都是您不变的牵挂

妈妈

女儿如此不孝
带给您无尽的担心和烦忧
您却一如既往
为我流尽每一滴血汗
只恨不能替我将伤痛扛下

妈妈
如今我已学会抚平创伤
也渐渐学会保护自己
不会再让您伤心和失望
只要您好好的
女儿便什么都不害怕
唯愿今后的每一天
想到我您就会微笑
即使哭泣
脸上都是幸福的泪花

# 生如夏花

掬一捧流沙
锁半生年华
风烟迷了誓言
我在暮色下游离
再不闻这尘世喧哗

绚烂的开花
在湛蓝的初夏
为你凝聚的美丽
转瞬即逝
如同指尖薄雾
被清晨的阳光融化

路在远方
心在天涯
我稚童般懵懂
只一步之差
便恰巧踏入
你无意描绘的图画

借半缕月光

裁一段银纱

瞬间开到荼蘼

彼岸的曼珠沙华

一世繁华落尽

疼痛依旧清晰

待曲终人散

磨成心头那粒朱砂

## 骤雨初歇

你是一段梦境

水墨都染不出的美丽

满帘烟雨

隔断天青色的回忆

走不尽的小巷

怕太早苏醒

新蕊初绽上枝头

光影斑驳

吻痕深印

刻下悠远的伤心


一城苍凉的风情

阳光在叶隙间破碎

骤雨初歇

温润了昔日的浮华

你眉目如画

在心底清晰到忘记

于尘埃中开花

眼波流转

暖风微醺

蔷薇架下笑颜倾国
乱红飞过
我已陷入又一轮
你随手挥就的漩涡

# 心底的位置

你曾经在心底
烙印如此清晰
像沙雾一样消散
是彼此搁浅的情意
那样缓慢
却又无力抗拒

我将心扉紧闭
不再随意开启
那里有一个位置
永远都只为你坚持
若你回来
我一直都在这里

全在戏里入迷
旁人都能明晰
将世事看透之后
把一切当作一场游戏
你一出现
防备全部崩离

只为一次邂逅
凝聚一生美丽
何必在意这结局
无非都是过眼烟云
等经年风雨
铭刻你所有痕迹

# 一场花雨

流光飞舞
风自丛林穿透
这是一出季末盛典
你从远方赶来
而我在树下做梦

青梅煮酒
我用半生守候
看满树繁花纷落
你来
我必定寂然欢喜
你走
我嫣然笑语依旧

咫尺天涯
你在时光尽头
任一壁风景落幕
我在你视线里穿梭
无力走进
也无法逃脱

一场花雨

续写一部《春秋》

只等千年浪迹之后

铸就一段传说

纤指素手

华章如昨

此生心无所求

# 樱花红破

一点春光
一缕暗香
季节都黯然失色
远处云低
看樱花红破

黑发飞扬
笑容无殇
岁月将思念拉长
雨丝拂过
留遍地残梦

诱人的绚烂
触摸不到
一丝情怀的绽放
爱恋刻满心墙
你在视线前方

温柔似水
前世遗落的目光

我将期许深藏

待花落似雪

再书写一卷

了无痕迹的哀伤

# 短歌

我流连在东风缠绵的抚慰下
想看看雨丝在零下五度的心情里
会不会滴水成冰

从前的光阴被回忆无限拉长
这眷念用一辈子也无法剪短半寸
窗纱外情景依旧

时间造就了一切的物是人非
我在若干年后屏住气息翘首回望
往事已逐渐凄凉

不是所有的过去都能被遗忘
你的微笑早就被岁月镌刻成旧殇
将疼痛温柔埋藏

# 你的姓氏

不愿听到你的消息
怕那些零星的记忆
又来提醒我该遗忘的过去
你在我的哀伤中回眸
时间都在这一刻静止
留你低眉微笑成永恒

不敢看到你的名字
怕那过于熟悉的姓氏
会灼伤我早已湿润的眼睛
抵一枚青杏在舌尖
任酸涩瞬间渗透心底
堪不破情到深处情转薄

青石板上已落满风霜
寂寞长巷里弹唱的
仍然是别离时刻的惆怅
夕阳下旧时容颜不再
我在一帧帧的时光里

寻找那支惹人相思的桃花

将你的姓氏镌刻成画
那卷轴中深藏着的情意
尘封在一段
不曾开始就已结束的故事里
于千百年后慢慢风化

# 忧伤还是快乐

在每一次相聚中微笑着
在每一处欢腾间安静着
在每一场宿醉里清醒着
在每一片光影下徘徊着
而我知道
我不快乐

孤独就像爬山虎的脚
缓慢却又执拗地钻满心间

翻开书页
它变成怀旧的画签
打开唱片
它随着音乐流泻
起舞的时候
它成了指尖的一段年华

忧伤已经在心底蔓延
就算难过到了极点
也不允许眼泪在脸上泛滥

你看我在月光下漫歌
笑容如星辰般璀璨

我知道明天阳光明媚
春花在清风下开得灿烂
连每一缕泥土的气息
都在叫嚣着传播芬芳

天色已近拂晓
忧伤还是快乐
其实并不重要
……

# 夜雨

我从冗长的梦中醒来
听雨滴轻敲在窗台
温柔如蝶翼的颤动
在凌晨两点半的夜空

清雅的声音次第绽开
似金珠滚落在玉盘
是心事拂过琴弦
就像你说爱我的时候
言语中透着疲惫
眼眸里流光溢彩

风从竹林穿过
思念的气息冰凉
慢慢沁入心肺深处
夜雨扑在印花玻璃上
我在你给的谜中沉醉

纵是衣带渐宽
总是痴心不改

等到寂寞缠满发梢

再将相思轻绾

抛在一地残红的时节

# 暗里着迷

世界如此之大
心却无处可依
我在时光的这头等你
等一段记忆全模糊
你带我穿越
那片生命中的峡谷

我就在你身边
却走不进你心里
可惜了这素衣锦年
只任人暗里着迷
把湖光都搅碎
眼波流转处
爱恨在一念之间
回首时轻描淡写

你覆手为雨
在我万念俱灰
刚刚想要放弃之际
春光正好明媚

你低头对我微笑
背后悄然绽放的
是枝头的一点红润

# 鸣镝

山水突然都惊醒
不忍聆听
这穿透画卷的悲音

古巷里的回眸
是曾经遗落的孤影
身姿蹁跹
舞碎了满地的月光
等刹那绚烂燃尽
再唱一段昔日的心情

写一阕风景
待来年绿草如茵
再细细为你诵读
那篇缠绵悱恻的《诗经》
风吹过时
芦花扬起遍野的寂静

鸣镝破空
将所有爱恨都消弭

我不肯回头

怕看见的

是你变得陌生的眼睛

# 留一盏灯

留一盏灯
挂在床前
有横笛悠扬入梦
明灭不定的相思
尽头是你温暖的视线

留一盏灯
挂在心间
历经了沧海桑田
瞬息万变的暗涌
握不住流沙般的光年

一点轻萤
徘徊不前
凭南风晚来
世事俱已洞悉
偏流连这诛心的安排

数十年情怀
一朝倾尽

拿三生美满

换你恒世诺言

只可惜韶华渐远

一路风景都已被风吹散

# 一梦十年

你曾经那样淡然
距离我无限遥远
嘴角轻扬起的弧度
似在无声拒绝
所有想要向前的脚步

你现在仍是淡然
隐藏起千般心事
和不欲人知的爱恋
我在月色下细数帘珠
想知道第几颗开始
是你归来的时间

我始终无法淡然
眼里藏不住思念
在第二场雪落之后
有暖意微微萌动
立春之时从心中破土

那只是一页旧梦

穿行在又一个十年
我躲在岁末的薄雾里面
冷冷地看往事成殇
你微笑着伸出双手
等千般风情为你绽放

# 一个人

坐在已经习惯的位置
看窗外树叶在寒风中发抖
逐渐紊乱的呼吸
在雪落前语不成音

你说不愿打破这平静
我便切断所有与你的关联
曾经走过的小巷
剩一地凋零的雨声

车来车往的柏油路上
明明有满满的寂寞在流淌
看街灯次第点亮
没有一盏能亮在心上

说好一个人也要坚强
当听不到风声在耳畔呜咽
等天色开始破晓
我在回首的瞬间微笑

# 一株开花的树

在夕阳下
安静地开花
若你刚好经过
请暂缓步伐
听一听风起时
会有怎样的童话

有一种执念
在心里生根发芽
不惧年华渐远
哪怕风雨肆虐
愿用一世独行
换你一次回眸

欲罢不能
宁可仗剑天涯
四海为家
这一壶鸩酒
明知道危险
却不肯选择放下

满树繁华
一夜情怀绽放
温柔似水的长发
缠绕住谁的思念
任它千年之后
凝成记忆中
永开不败的图画

# 这个冬季

用哪一刻
来作为祭奠
草木全都萧瑟
北风狂舞
竭尽生命的所有
天空依然喑哑

一湖春水
被温度凝结
芦苇微微颔首
倦鸟飞过
寻不到任何踪迹
满池都是颓唐

独饮沧桑
唯对月空吟
窗外离离疏影
横笛悠扬
薄雾氤氲着时光
雪花还未落下

指尖风华

成深谷绝唱

一点璀璨流淌

山野俱寂

寂寞在林间呼啸

淹没这个冬季

# 千堆雪

我从沉睡中醒来
似经历了一季长长的冬眠
还带着令人迷茫的梦魇
若你还是没有出现
我只好叩上心扉
再次沉入梦境里面

从来没有勇气
尝试将结局都改变
只能任由心灵继续煎熬
在爱与不爱之间
你说这一切早已注定
我便早早地来到了终点

岁月沧桑了容颜
一个转身就已定格成永远
我站在寂寥的山巅
笑看惊涛拍岸
卷起这尘世间的纷扰
装砌那千堆雪的惆怅

整理好旧时的行囊
再次行走在城市的边缘
装作忘记了你的名字
任时间模糊了你的笑脸
等哪一天我们擦肩而过
除了心微微痛
甚至来不及互道再见

# 爱的旅行

我曾将爱恋的身影
滞留在烟雨迷蒙的白堤
也曾将向往的脚步
踩印到一望无际的原野
但没人守候的城市
它只是一座空城
任你千百次回首
也无人在灯火阑珊处等你

就像一次说走就走的旅行
目若秋水面如桃花
在暮色逐渐浓郁的时候
去赶赴一场
终将辜负与被辜负的爱情
尽管思念已刻满心墙
却只能将酸涩都饮下
从此后你我便各自天涯

将所有的防御都卸掉
只把这时间当作流沙

当指尖的岁月翻过一页
我在年轮中书写
曾经一意孤行
也要成就的爱情童话
好用这些珍珠般的回忆
去换取下一站幸福的砝码

# 柠檬花开的午后

是谁曾经在耳边低语
温柔的声音百转千回
他说你微笑的样子很美
透过春日慵懒的阳光
就像是大片的柠檬花开

也许每一瓣柔弱的花蕊
还残留着凌晨的一滴清泪
是谁不经意地轻点指尖
香甜的气息便消融在
素手轻扬的瞬间

我在午后的影壁旁回望
回望这半生虚度过的时光
垂花门下有细雨纷飞
是谁撑了一柄纸伞
笑容沉静地转过长廊

在不断重播的四季轮回
每一季都盛开得如此甜美

庭院中月光温柔似水
冬日的风穿过檐角
是谁在轻声地说再见

# 含羞草

选择在这长长的季节里冬眠
不愿意一觉醒来
又是那样让人窒息的阴天
努力将自己再抱紧一点
怕泄露心底哪怕一丝的柔软

我要在天微亮的时候出发
去寻找传说中的猹犴
含羞草的叶蔓才刚刚展开
每一茎碧绿的颜色上
都燃烧着悄无声息的渴盼

请不要向我的世界里窥探
尝试着想要来
翻越我心房周围带刺的栅栏
眼看天色已近黄昏
窗外的街灯逐渐撕开黑暗

我曾无数次从梦中惊醒
却怎么也想不起

我们当初擦肩而过的地点
还有究竟是如何错过的时间
而现在你在前方微笑
看我年华粲然
盛开一如从前

# 甜风花的秘密

谁不愿被捧在手心
像一个天真的孩子
不经意犯了错误
只需要扬起傻兮兮的笑脸
就能融化他满面的怒气

我也想放下过去
不再计较那些所谓的差距
你纯净的眸子里
满映着的是甜风的秘密
那淡紫色的花影下
是谁在微笑着说不要放弃

在这样绝望的境地
遇上这样温暖的情意
只要我回头你都会在那里
带着阳光般灿烂的笑容
容许我一直要无赖到底

你听远处有钟声响起

天籁般的唱诗传到耳际
它们都在轻声地告诉我
勇敢去爱吧
不要总是担心
到最后结局是否美丽

# 三色堇

你是否像我想念你般想念我
窗外有微风拂过
是你略带孩子气的声音
执拗地一遍遍在我耳边穿梭

你是否像我爱恋你般爱恋我
手中被风熄灭的烛火
带着被你掌心浸透的余温
依然炽热着孤独踟蹰的轮廓

我曾梦想过多少次
能和一场真正的爱情邂逅
将悲喜全都展现在阳光底下
尽管也许一场风雨之后
所有痕迹都会无影无踪

远处灿烂的颜色已经漫延
将历年来的点滴全都淹没
三色堇种下的因果
从上一世延续至今生

等到雨收云断
再当作谁都不曾来过

## 蓝调·为你

穿越时空的逆流
到你曾向往过的古都
去弹一曲同样寂寞的箜篌
满树繁花
刹那间便绽放成永久

你在某个地方悄然成长
以我看不见的速度
在下一个路口
我是否还能来得及
用最灿烂的笑容迎接你
在你说好的深秋

为你刻下的姓氏
已盛满风雨一夜的哀愁
任星辰轻轻叩响窗棂
只等月光更加醇厚
再将昨日的痕迹擦去
不让一丝忧伤的情绪
在你心中残留

我在夕阳下静静地等候

等你从晨光中走来

带着依旧腼腆的笑容

那时东风正好

你衣袂翻飞

写成一幅春意盎然的画轴

# 假如

我已在红尘中辗转数年
而你纯真的眼眸
还没能适应这世事变迁
假如时光倒流
你依然是你
我也还是当初的容颜
那么这一世的传说
是否还能延续曾经的诺言

一个转身就已是沧海桑田
我在人海中沉浮
逐渐湮灭了无邪的笑靥
几乎轮回了所有梦境
才来到你的面前
但你始终站在云端
任我踮起脚尖
也抚摸不到你低垂的眼睑

要找一个什么样的话题
才能点燃我们之间的距离

我在等待中变得焦虑
就像刚刚偷尝点心的孩子
一面回味还未消散的甘甜
一面担心会被父母发现

其实早就注定了不可改变
却抑制不住内心的贪念
终究任命运翻云覆雨
把一切都写成昨天
假如时间能凝固成永远
我愿意为这一刻
等候上亿万年

# 距离

如果我们之间的距离
只在于这一千三百千米
那也没有关系
亲爱的
能用脚步丈量出来的
都可以忽略不计

如果将我们的距离
延伸到那
三百六十五个日夜里
却又有何惧
只将思念浓缩
用来迎接风雨兼程的归期

我只怕我们的距离
翻越了千山万水
都不及天地两重的分歧
清风碧水的相遇
最终留下来的
只有一池吹皱的涟漪

偏偏我们之间的距离
只隔了一层朦胧的烟雨
仿佛轻轻吹一口气
就可以消散掉一切痕迹
相逢一笑之后
你向东去
而我选择向西

# 水墨年华

能带我离去吗
我已在这尘世中漂泊得太久
当你用那满蘸浓墨的笔触
在我心头晕染出一片轻愁
我最好的年华便灿然盛开
挂着凌晨第一滴清露

可以别回首吗
我在黎明前的深巷中奔跑
脚步凌乱了你曾填好的音符
你迟迟不肯再落笔
我就像一个孤独的舞者
一圈又一圈地旋转
却始终都不舍得谢幕

再看我一眼好吗
山巅的风呼啸而过
带着亘古不变的冷漠
你笔端那点凝墨终不能承受
摇曳着在空谷中坠落

回忆的片段不断重播
前方的路似永远没有尽头

你还爱着我吗
我们在那样温暖的季节中相遇
然后在这样冰冷的季节中分离
你只轻描淡写地一挥手
我浓墨淡彩的年华戛然而止
轻巧地由你指尖陨落

# 你不知道的事

当我微笑着说
我不在意
亲爱的
其实我的心里
已经下起倾盆大雨

我在轩窗下徘徊
那温暖的灯光
却照不进我的梦里
我只在你眉间辗转
而你却
成了我心底深深的烙印

屋外秋风乍起
每一片落叶
都满载着
我无法言说的情意
风骤停
一切芳华都刹那凋零

你在天涯尽头
日光温柔地看我
如水深情的背后
是任谁也不懂的寂寞

亲爱的
你永远不会知道
落在你肩头的那只蝴蝶
跟随时光数千年
只为着今生
这短暂的停歇

# 回忆a小调

将所有的回忆都翻出来
然后对着空气傻笑
你的面容如此鲜活
回首凝望时
却抓不住那缕幽香

看窗外枝叶摇晃
夏风被宠得那样张狂
我在树下漫歌
想起那些别离时
一分一秒汇集起来的忧伤

雨季总是让人惆怅
那泼墨般朦胧的线条
将人心密密麻麻地缠绕
待到破茧成蝶时
昔人已不知去向

又是这直击人心扉的乐章
让我即刻热情澎湃

却又转瞬陷入颓唐
记忆如漠北一样荒凉
我要如何去寻找我的阳光

不用再费心思量
你看那山花丛中
有笑容明媚到绝望
待蝴蝶儿穿过
谱下一曲
回忆的a小调

# 黑桑

总是这样
脸上笑得格外灿烂
心里已经一片汪洋
我的阳光都躲在那儿
冷冷地看我
看我在自以为是的温情中
将怎样收场

其实我不过是想
借用一程你旅途的风光
让我黯淡的人生中
也能多出一些
恣意洒脱的张扬

你拈花微笑
那微笑的眸子里
明明写了满满的忧伤
我天真地以为
那是因为我形单影只的悲凉

我像一个充满好奇的孩子
总想去探索
那些不可预知的方向
但你无心的一句话
便足以让我坠入深渊
再找不出曾让我留恋的过往

请再借我一次你的肩膀
这一次的晴天
已不再是曾经的那轮太阳
我在这阒深深的阴影下哭泣
请伸出双手
为我挡住
那些没有温度的阳光

蹚过这一路泥泞
你看
就在不远处朦胧的月光下
大片大片的黑桑
正用它火红的热情
在对我纵声欢唱

# 心殇

天刚拂晓的时候
我听到我的心
在一片玻璃碴上颤动的声音
遥远而又遥远
晨风中的长发
仍只是梦里的风景
涌起的是薄雾
所以掩饰得迷离

却不知
那滴情侣灯下的烛泪
因何竟沁入心肺
留下柔韧而绵长的余痛

杨柳岸边的露珠
迟迟不显你的身形
割开纱窗的一角
面若桃花
那是受了你诱惑的湖水
在低吟着旧时的词句

白毛红掌相映成趣
绿荫中的柳笛声
细不可闻
怕只怕
那枝头的一点红润
终是无人来采撷的相思

冰冻后的怀念
如一枚血色樱桃
在四季的轮回中
跳到伤心的那一格
便了结了最后的残局

# 惜流年

把相思挂在窗棂上
任风拂过
留遍地破碎的情殇

你是我心头的一抹月光
在满池碧波摇曳下相聚
笑容曾经那样明亮
悄然隐入水纹
等世事都变得沧桑

将尘缘铸成一段梵唱
在空谷中轮回播放
待烟花都冷却
再绽放出一曲绝响

春意盎然的往昔
那欲语还休的模样
坐看云卷云舒之后
我在远方
千万次地眺望

你轻甩云袖的去向

在宋词里浅吟低唱
是稍纵即逝的流光
忍看冬去春来
又是一年
无法言说的惆怅

# 丑小鸭

我只能在池塘边驻足
脚步再轻柔些
斜晖圈住的涟漪
正在做梦

来不及梳理蓬乱的羽毛
猎鹰的气息
混着苇叶的清新
那么让人迷醉

夕阳的拥抱真美
任由
无法抑制住的战栗
在全身蔓延

掩藏着的肌肤
已被羞赧点燃
垂下眼睑
在满心的凄惶中

期待会有
温柔的牵引

深刻的怜悯
在他碧潭一样的眼底弥漫
悲哀在将我温柔地包围
蔷薇花下
似有笑窝闪现

被刺痛的心
在荆棘中迷了路
孩子们的歌声
却已在山坡上响起

# 紫色风信子

请容我在这样雅致的月光下
再将你的美丽
细细回味

风姿绰约
在一片绿野中摇曳
轻轻一转身
情人的双眸
在你紫水晶一样的倩影里
迷失

旧梦在日记中苏醒
年轻的笑靥
被季节偷窥了心事
只怕秋意到浓时风华都已
凋零

品尝甜美
是我仲夏夜的心情
浑然不知

苦涩的种子
已由昔日的爱人亲手播下

我感情的猎物
迈着优雅的步子
踏入你无意中铺就的陷阱
远处
令人眩晕的颜色
蔓延成灵魂最深处的绝望

# 苇丛的风

斜斜掠过的燕子
衔来一茎
微醺的草香

轻拂过昨日的苇丛
掀开
月影下　碧青的波浪
蛋白一样细嫩的风
悠然而至
覆灭了　最后的粗犷

摒不住的呼吸
在苇丛中　灵蛇一样
一晃而没
而风　再次
淹没
苇笛的悠扬
追逐爱情
如风
在四季中穿行

将真情
永远地停留在
栀子花开的时节
放任自己
在无望中寻觅

想要知道
哪一个季节
适于倾听
清风歌唱的声音
却总是听到
落晖下悠长的叹息

心事都瑟缩在
这样长长的冬季里
逐渐明白
有些时候
放弃
也是一种美丽

# 殇情鸢尾

我踏着离歌涉水而来
墙上斑驳的痕迹
是鸢尾的花影
诉说着不变的悲情

疯狂滋长的爱恋
像爬山虎执拗的藤蔓
由心底开始缠绕
一直到你面前
漠北一样荒凉的
是你眼里的寂寞

会唱歌的鸢尾
早已合上眼帘
欲语还休的心事
被你一掠而过
只留下琴键上
胡乱扫过的尾音

曾经沧海的是你

依然沉溺的回忆
尽量让一切
都显得云淡风轻
将眼底弥漫的悲伤
掩饰成漫不经心

鸢尾的花期
凋零在心如止水之中
在黎明出现以前
一切将恢复成
最初的风平浪静

# 麦田守望者

是不是穿过这片麦田
就可以遇见你

曾经想象过千万遍
在这样的夏季
越过层层的麦浪
就像穿过遍地的思念

远方的暮光
还是那样的遥不可及

无所遁形的
是曾经年少的心事
在每一颗饱满的麦穗上
散发着诱惑的光芒

隔了千山万水
仍然清澈如旧的眼神
被海波一样绵软的温柔
锁住了身心

怕的是
一念若灭　沧海桑田

不是所有的故事
都有美好的结局

能希冀的
不过是守望了这夏末的风情
在经年后的某一天忆起
微微一笑　刹那光华

# 到不了的地方

你在我心里生根
我在你眼中开花
可惜这结局
注定只是美好的童话

灵魂无处栖息
飞得再远
都只是流浪
你意念的最深处
是我永远到不了的地方

把诺言慢慢溶解
让它在血液中沸腾
再用温柔的叹息
描绘出你的轮廓

曾经最美的相遇
化为风中的碎屑
你只用沉默
就将一切
都彻底地了结

# 永失我爱

宁愿那是一块寒冰
冷冷地在眼里跳跃
收藏好所有的落寞
让眼神
显得漫不经心

将玫瑰上的刺都拔去
留一种温柔的美丽
在无休止的绮念中
沉醉得有些放肆

掬一捧清流在手
是昔日浣纱的玉溪
犹见乱红新添
香痕却已不在

冰块在玫瑰香中
逐渐消融
暗花玻璃的窗上

再也不见
伊人的面容

把留恋都锁在心底
在铺满霜花的青石板上
刻下钟爱的姓氏
还有一些
永恒的伤心

# 夜曲

暴风雨的眼睛
打算在清晨哭泣
玫瑰绽放后
是否能熬过等待你来的花期
我在黎明前的黑暗中穿行
发髻微松
掉落月光一缕

孤独
无边无际
是候鸟拍打翅膀的声音
夜空被闪电撕裂
你不动声色
等某段序曲成为过去

恍如隔世
不过是落叶飘下无声无息
焚诗煮酒来祭奠
这琉璃杯中
早已发酵的情绪

# 后　记

其实我并不懂浪漫，却成了浪漫的俘虏。

记得我最初学写诗的时候还在上初中，因为同桌的女生特爱看小说，也爱写些朦朦胧胧的句子，受她的影响，本来就偏科的我觉得写诗也是一种乐趣，于是也就学着写。甚至在完全不懂平仄的情况下学写古体诗，现在想想也真是一腔孤勇啊！

我真正写诗还是从就读师范之后才开始的。都说诗者，志之所之也，在心为志，发言为诗；歌者，情之所向也，感知于身，托情为歌。十八九岁的女孩子，有了一些说不清道不明的心事。像我这样不分平仄的人写不来古体诗一样，大概也就只能托现代诗来抒发抒发感情了。其实说起来，我不过就是"少年不识愁滋味，为赋新词强说愁"罢了。花儿一样的年龄，即便有心事，也不过到了明天就变成故事。好歹写诗的习惯就保留下来了。

爱尔兰诗人叶芝曾比喻说："诗写到恰到好处，就像一只盒子关闭时发出'咔哒'一声响一样。"试想，若一首诗完成的时候，正好就像收藏起来的宝贝一样，"咔哒"一声关上盒子锁起来，那种感觉是多么美妙啊！

可惜我的诗每次到了要关上盒子的时候就卡住了，总觉得这样也不行，那样也不好，隔上几日才能作出自以为能接受的收尾。这样一来，关盒子里的"咔哒"声总觉得没那么酣畅！一直在写，也在国内外的报刊上发表过一些。近几年因为忙碌，写得不算多，好歹总算没有放弃。圈子里的朋友建议我搞个集子出来，我觉得还不是时候。年前又有朋友建议，于是，我就开始着手把那些浪漫的或寂寞的思绪整理起来。不管怎样，也是对我自己创作的一个交代。只要能不断地将这些美好收集起来，珍藏到盒子里，对我来说，也是幸事！

图书在版编目（CIP）数据

万物生 / 阿琼著. -- 武汉 ：长江文艺出版社，
2023.2
  ISBN 978-7-5702-2818-8

  Ⅰ．①万… Ⅱ．①阿… Ⅲ．①诗集－中国－当代
Ⅳ．①I227

  中国版本图书馆 CIP 数据核字（2022）第 123089 号

**万物生**
WAN WU SHENG

---

责任编辑：胡 璇              责任校对：毛季慧
封面设计：大卫书装            责任印制：邱 莉  王光兴

---

出版：

地址：武汉市雄楚大街 268 号        邮编：430070
发行：长江文艺出版社
http://www.cjlap.com
印刷：武汉市籍缘印刷厂

---

开本：640 毫米×970 毫米    1/16    印张：16   插页：2 页
版次：2023 年 2 月第 1 版        2023 年 2 月第 1 次印刷
行数：5196 行

---

定价：59.80 元

---